DE LA COLONISATION

DU SÉNÉGAL

PAR

JOSEPH DU SORBIERS DE LA TOURRASSE

PARIS

ARTHUR SAVAÈTE, ÉDITEUR

76, RUE DES SAINTS-PÈRES, 76

1897

DE LA COLONISATION DU SÉNÉGAL

DE LA COLONISATION

DU SÉNÉGAL

PAR

JOSEPH DU SORBIERS DE LA TOURRASSE

PARIS
ARTHUR SAVAÈTE, ÉDITEUR
76, RUE DES SAINTS-PÈRES, 76
—
1897

AU LECTEUR

Cette brochure a paru in-extenso dans la Revue du Monde Catholique, *N^{os} des 1er août et 1er septembre 1895. Elle fait suite à mon ouvrage : Au Pays des Woloffs (Mame et fils, éditeurs). Après avoir considéré le Sénégal à un point de vue subjectif et pittoresque, en avoir étudié les mœurs et la langue, j'ai cru que mon œuvre ne serait pas complète si je n'y ajoutais une partie économique.*

DE LA
COLONISATION DU SÉNÉGAL

CONSIDÉRATIONS GÉNÉRALES

Le Sénégal, notre plus ancienne colonie, fut dès l'origine un établissement commercial et l'est demeuré jusqu'à nos jours. On ne conçoit pas très bien, à première vue, comment un pays aussi étendu se trouve dans les mêmes conditions qu'Obock ou Singapore qui sont de simples ports d'échanges.

POURQUOI LE SÉNÉGAL NE PEUT ÊTRE ENCORE UNE COLONIE DE PEUPLEMENT (1).

Il y a des raisons de premier ordre qui ont dû empêcher des colons de s'y fixer définitivement. Il faut

---

(1) L'auteur a vu sur les lieux les essais des missionnaires et affirme la prodigieuse fertilité du Sénégal.

Les parties traitées dans la présente brochure répondent *aux titres en marge*.

L'auteur étudie les moyens de coloniser le Sénégal par des colons libres et des compagnies privilégiées et, après avoir montré les difficultés de ces deux systèmes, essaye de prouver par DES DOCUMENTS INÉDITS que les missionnaires du Saint-Esprit peuvent seuls préparer les voies à une colonisation future, et il propose de leur confier la *direction d'une ferme modèle* qu'ils ont d'ailleurs fondée à leurs frais à N'Gazobil et à Thiès.

en chercher la cause dans l'insalubrité proverbiale de la côte occidentale d'Afrique. Le Sénégal est malsain, c'est là un fait incontestable. On ne peut nier que les Européens y soient sujets aux fièvres endémiques, aux hépatites et à la dyssenterie. Les fatigues de toute espèce, une insolation prolongée finissent par affaiblir les forces physiques des blancs, et s'il est vrai que, grâce à des précautions hygiéniques et à des retours périodiques en Europe, on puisse vivre assez longtemps au Sénégal, il n'en reste pas moins établi que l'acclimatation absolue est une chimère.

Mon intention n'est pas de provoquer un appel d'émigration en vue de coloniser au sens propre du mot le Sénégal, mais d'examiner si on ne pourrait pas tirer parti des immenses ressources qu'il possède grâce à un petit nombre d'émigrants qui s'adonneraient à la culture de son sol prodigieusement fertile.

MOYENS D'ASSAINIR LE SÉNÉGAL

On pourrait d'abord exécuter des travaux d'assainissement. Les marais formés autour de Dakar, de Rufisque et de Saint-Louis constituent des foyers fébrigènes par excellence, et je crois que la plantation d'eucalyptus aurait le meilleur effet sur l'état sanitaire de la côte où habite d'ailleurs la majeure partie des Européens. Dans un mémoire remarquable lu, il y a quelques années, à l'Académie des sciences, M. Guimbert remarque que les fièvres intermittentes disparaissent de tous les lieux où prospère l'eucalyptus globulus.

La culture, le défrichement des terres serait un autre moyen d'assainissement en même temps qu'un acheminement vers une colonisation future dont, malgré tout, je ne désespère pas.

NOUS AVONS MALGRÉ TOUT L'IDÉE D'EN FAIRE UNE VRAIE COLONIE

En effet, si le Sénégal doit rester à jamais une colonie de comptoirs, comme il l'est aujourd'hui, à quoi bon nous enfoncer si loin dans les terres, y fonder des postes coûteux, faire d'énormes dépenses d'hommes et d'argent pour aller chercher à des centaines de kilomètres des marchandises que nous recevions jadis à la côte? Si, au contraire, nous nourrissons d'autres projets, si nous voulons, comme je le suppose, en faire une vraie colonie, reprenons, dès à présent, des études déjà faites et lançons-nous après examen, mais alors sans défaillance, dans une voie qui sera féconde en résultats.

Tant qu'on n'a pas colonisé un pays, il est imprudent de croire qu'il vous est désormais acquis. Nous sommes censés, il est vrai, posséder un immense territoire que nous dénommons « Sénégal et dépendances », mais nous ne le cultivons pas. Nous n'y sommes que des hôtes de passage et, si demain nous en étions chassés, il ne resterait de la France ni famille, ni langue, ni plantations, rien qu'un commerce qui deviendrait anglais ou allemand, selon l'occasion, car le commerce est essentiellement cosmopolite. Je voudrais donc que tout en pénétrant le plus loin possible dans le continent noir, on ne négligeât pas les lieux les plus rapprochés de la côte dont les terres fertiles offrent un défrichement facile.

LA COLONISATION EST-ELLE POSSIBLE

Tout d'abord se pose une question capitale. La colonisation est-elle oui ou non possible au Sénégal? Dans les conditions climatériques actuelles, j'ai dit qu'il ne fallait pas songer à en faire une colonie de peuplement, mais j'affirme qu'un petit nombre d'Européens adonnés à la culture pourrait dès maintenant préparer les voies.

RICHESSES MINIÈRES

Le Sénégal est, sans exagération, une des contrées les plus riches du monde. Je ne citerai que pour mémoire ses ressources minières de toutes sortes. Au lieu de nous enfoncer toujours dans l'intérieur, ce qui ne nous rapporte que de la gloire, pourquoi ne chercherions-nous pas à tirer parti des mines du Fouta et en particulier de celles du Bambouk et du Rambouk. Il y a là des gisements d'or, d'argent, de cuivre, de plomb, d'étain, des mines d'aimant et de salpêtre. Je ne parle pas du fer qu'on trouve partout au Sénégal. D'après un rapport du capitaine de génie, Maritz, envoyé en mission par le général Faidherbe pour étudier le rayon aurifère de Kéniéba, le bénéfice d'une exploitation immédiate serait de trois cents pour cent.

RICHESSES AGRICOLES. — SYSTÈMES DE COLONISATION

Mais en dehors de ces richesses dont la mystérieuse terre d'Afrique n'a pas encore révélé tous les secrets, il y en a d'autres plus modestes, mais plus sûres, sur lesquelles je veux appeler l'attention, ce sont : le coton, l'indigo, le café, le tabac, le sorgho, le maïs, la canne à sucre, le riz, pour ne parler que des produits les plus importants. Il est d'autant plus déplorable qu'ils soient inexploités qu'ils poussent presque tous spontanément.

Je proposerai trois moyens pour remédier à cet état de choses : celui d'employer à la culture des terres du Cayor soit des colons libres, soit de livrer une partie des terres à une Compagnie privilégiée, soit enfin d'encourager les Missionnaires du Saint-Esprit dans des essais déjà tentés.

J'étudierai très sommairement les deux premiers moyens qui présentent des difficultés d'autant plus grandes que les expériences déjà faites ont échoué.

Ces insuccès, je me hâte de le dire, ne prouvent rien parce qu'on s'est trouvé en présence de fraudes trop connues dans la colonie et déjà trop loin de nous pour que, après l'abbé Boilat et Anne Raffenel, on puisse les rappeler sans blesser de vieilles susceptibilités.

ESSAIS DE LA RESTAURATION

La Restauration, en 1818, fit de louables efforts pour tenter de coloniser le Sénégal, mais elle eut le tort d'agir avec trop de précipitation et de s'adresser à des commerçants pour exploiter la culture du coton et de l'indigo.

Avant même de se mettre à l'œuvre, les commerçants avaient contre la culture la prévention qu'ils ont d'ailleurs encore aujourd'hui. Ils étaient habitués à faire des échanges, à trafiquer de la gomme avec les caravanes, savaient exactement ce que ce genre d'affaires pouvait leur rapporter chaque année et ne se souciaient pas de se lancer dans des entreprises douteuses. En outre, le choix du Walo était impropre comme terrain. Il était alors exposé à tout instant aux razzias des Maures et les débordements périodiques du Sénégal lui faisaient subir l'action salée des eaux de la mer refoulées par le reflux.

CE QUE FIT LA RESTAURATION POUR LA COLONISATION DU SÉNÉGAL

Le gouvernement, pour allécher les commerçants, promit d'accorder aux planteurs de coton des primes portant sur la production et sur la plantation des produits. Or, les négociants de Saint-Louis ne considérèrent jamais comme sérieuses ces tentatives de culture et ils se firent agriculteurs comme les épiciers de Paris deviennent jardiniers le dimanche, dans leurs petits vide-bouteilles de la banlieue.

Ils étaient d'ailleurs éloignés des terrains d'exploitation, ne pouvaient surveiller qu'imparfaitement les travailleurs, et, voulant des rendements nets et rapides, ils ne virent dans les primes qu'un moyen d'accroître plus vite leur fortune.

FRAUDES DES COMMERÇANTS

Comme les primes portaient sur chaque pied de coton, les commerçants, avertis à l'avance de la visite des inspecteurs désignés, faisaient enfoncer dans la terre d'innombrables petits morceaux de bois, et, après une réception cordiale et un déjeuner copieux, on faisait promener dans les plantations l'envoyé administratif qui notait de bonne foi des quantités de pieds imaginaires.

On recensa ainsi en 1825, 4.573.000 kilogrammes de coton sur les établissements particuliers, et il ne fut exporté du Sénégal que 14.877 kilogrammes de coton égrené. Une telle différence ouvrit les yeux au gouvernement qui, en présence d'une fraude aussi palpable, supprima aussitôt les primes. Dès lors, la culture fut abandonnée. Les commerçants, pour se tirer d'embarras, préférèrent calomnier le Sénégal et déclarèrent qu'il était improductif au point de vue agricole.

RAPPORT D'UN INDUSTRIEL SUR LE COTON DU SÉNÉGAL

Il n'est pas moins vrai que le coton croît toujours là-bas spontanément, que les indigènes le cardent, le tissent et en font des pagnes. Il est donc assez extraordinaire que les noirs sachent en tirer un parti que nous ne savons pas tirer nous-mêmes.

Voici d'ailleurs quelle a été la conclusion du rapport d'un industriel de Rouen, M. Drouet fils, envoyé en 1862 en exploration par une société d'étude en vue de la culture du coton au Sénégal.

« Il reste parfaitement acquis que le coton vient admi-
« rablement sur les rives du fleuve « le Sénégal », que
« d'immenses plaines très favorables ne demandent qu'à
« être mises en valeur et que leurs produits, en agissant
« avec les moyens perfectionnés, aujourd'hui en usage
« pour la grande culture, surpasseraient de beaucoup en
« résultats tous ceux présentés par les entreprises les
« plus prospères actuellement. »

(Fragment de lettre cité par *Mavival-Revue de l'Orient*, février-mars 1863.)

Le coton du Sénégal est fin et fort. Peut-être est-il un peu court, mais il serait facile d'acclimater des cotons longue-soie provenant de l'Amérique.

Dans tous les cas, le coton n'est pas la ressource unique de notre colonie, et une foule d'autres produits, comme je le démontrerai tout à l'heure, peuvent y être également exploités.

Il est bien entendu qu'en aucune façon le gouvernement ne doit renouveler l'expérience des primes, mais se borner simplement à encourager au besoin des succès déjà obtenus.

Il nous faut donc examiner tour à tour quelles personnes pourraient se charger de reprendre à leurs frais des essais déjà tentés et jusqu'ici infructueux.

II

LES COLONS LIBRES

J'ai nommé d'abord les colons libres. J'avoue que, pour ma part, je ne conseillerai jamais à un cultivateur français de s'expatrier pour aller chercher fortune au Sénégal, car, dans la situation actuelle, il serait très étonnant qu'il pût réussir. Il ne trouverait rien sous la main qui pût l'aider et le guider dans ses tentatives, et dépenserait en premiers frais tous ses capitaux.

Des colons libres ne pourraient alors se recruter que parmi d'anciens soldats agriculteurs, ou bien parmi des commerçants déjà établis au Sénégal. Le cas de soldats d'infanterie de marine ou autres corps, restant dans le pays pour s'adonner au commerce après leur temps de service écoulé, se présente rarement ; il y a donc peu à espérer *a fortiori* qu'ils voulussent s'y faire agriculteurs.

Quant aux commerçants, j'ai fait voir quelle défiance ils témoignaient à l'égard de toute innovation. Le personnel de leurs employés se compose de jeunes gens de dix-huit à vingt-cinq ans. Ils quittent la mère-patrie après deux ou trois ans de stage dans des maisons d'armements. Ils sont actifs, pleins d'audace et souvent d'intelligence, mais n'ont aucune notion agricole.

Les représentants ou agents des maisons de Bordeaux

et de Marseille sont plus âgés, bien que ne dépassant pas généralement la quarantaine. Ils ont toujours été eux aussi dans le commerce, sont rompus aux affaires sénégalaises, mais n'ont pas plus que leurs employés des connaissances en agriculture.

Est-ce à dire pour tous ces motifs que le système des colons libres soit absolument impraticable ? Je ne le pense pas, car des mulâtres ou des noirs pourraient entreprendre ce qui semble encore difficile pour des Européens. Je ne me dissimule pas pourtant que l'apathie des uns et des autres est un obstacle qu'il faudra vaincre encore plus par des exemples que par des encouragements.

ÉTABLISSEMENT D'UNE FERME MODÈLE

On pourrait donner ces exemples de culture dans une *ferme modèle* dont je propose la fondation immédiate.

On a parlé aussi plusieurs fois d'établir une école des arts et métiers. L'idée est excellente et je ne doute pas qu'un jour ou l'autre on ne puisse la mettre à exécution, mais elle me semble présenter encore des difficultés. Les indigènes méprisent les artisans. Leurs tisserands, leurs forgerons et leurs bijoutiers appartiennent à la caste des griots, c'est-à-dire des maudits, et jamais un homme libre ne consentirait à embrasser leur état. Un institut agronomique aurait, au contraire, beaucoup de chance de réussir. Les noirs honorent particulièrement les travaux des champs. Tous les hommes du Cayor et du Walo se livrent à la culture du mil et des arachides et entreprendraient d'autres cultures quand ils y verraient un profit réel. Les noirs sont certainement paresseux et routiniers, mais le contact des Européens développe chaque jour chez eux de nouveaux besoins, et le fruit de la civilisation apportée par nous sera de leur apprendre la grande loi du travail. Ils ne pourront bientôt plus satisfaire aux exigences d'une vie plus raffinée qu'en s'industriant, et si on leur achète du coton, de l'indigo ou tout autre produit, ils se livreront à cette culture comme, depuis 1840, ils se sont livrés à celle des arachides.

Une ferme modèle aurait l'avantage de former des mulâtres et les plus intelligents d'entre les noirs. Ils pourraient étudier sur place les cultures les plus avantageuses du pays, formeraient ainsi en s'établissant les premiers colons libres et détermineraient leurs compatriotes à se lancer dans une nouvelle voie.

SYSTÈME DES CONVICTS

Toutefois, si les Européens consentaient à se fixer au Sénégal comme colons, il serait peut-être bon d'examiner si on ne pourrait pas leur prêter le concours gratuit des condamnés. Ceux-ci resteraient toujours d'ailleurs sous la surveillance de la police et jouiraient d'une organisation semblable à celle des anciens convicts d'Australie.

On sait les merveilleux résultats obtenus ainsi par les Anglais, mais il est douteux que ce système réussit au Sénégal. Des condamnés européens succomberaient fatalement aux travaux des champs en plein soleil et ne pourraient guère être utilisés que comme surveillants,

Le nombre des blancs agriculteurs s'accroîtrait, il est vrai, mais les avantages de ce nombre disparaîtraient devant les graves inconvénients moraux et le discrédit qu'il jetterait sur nous auprès des noirs.

Ce que je dis des condamnés européens ne s'applique pas aux indigènes, et je pense au contraire qu'il serait très utile et surtout très économique de mettre les noirs condamnés à la disposition des agriculteurs.

DIFFICULTÉS DU SYSTÈME DES COLONS LIBRES

La plus grave difficulté du système des colons libres provient, comme on l'a vu, de l'acclimatation. Si on trouve des gens qui veuillent tenter la fortune, il est à craindre que leurs insuccès ou leur mort n'entraînent de nouveau l'abandon de la culture dans la colonie.

L'insalubrité du climat n'empêche pourtant pas un certain nombre d'Européens de se rendre chaque année au Sénégal. C'est une erreur de croire qu'on y devienne riche. Là, comme presque partout ailleurs, l'ère des grandes fortunes commerciales est close. La traite de la gomme dans les escales du fleuve est une duperie, où Maures et traitants parviennent mutuellement à se tromper, et en fin de compte personne ne rentre dans ses frais. La concurrence fait tous les jours baisser les prix des marchandises et la pièce de cotonnade bleue appelée « Guinée », dont on se sert pour les transactions, est vendue meilleur marché par les traitants indigènes qu'elle ne s'achète en France. Je puis d'autant plus avancer ce fait que j'ai été moi-même leur collègue pendant quatre ans. J'affirme de plus qu'il n'y a pas une grande opération de traite qui ne se solde par un déficit annuel d'inventaire.

Les appointements des employés européens engagés généralement pour une période de trois années sont dérisoires et personne ne gagne à ce vieux trafic de la gomme qu'il faut remplacer par d'autres produits, et certes ils ne manquent pas au Sénégal.

L'exploitation de l'arachide par les noirs est déjà un acheminement vers la culture, mais il y a une foule de graines oléagineuses telles que le beref, par exemple, qui, supérieur à l'arachide, donnerait d'excellents résultats.

COMPAGNIE A MONOPOLE

Je ne pense pas que le système des colons libres ait actuellement des chances de réussir. Il serait plus simple, à mon avis, de monopoliser pour un temps l'agriculture du Sénégal dans les mains d'une grande compagnie. Je sais que ce mot de monopole semble aujourd'hui odieux. Il ne faut pas oublier pourtant que ce sont des compagnies privilégiées qui ont fondé le Sénégal et que, si le commerce de cette colonie subsiste encore, on le doit à cinq ou six importantes maisons qui monopolisent sinon en apparence, du moins en réalité, toutes les grandes transactions.

Quand on veut lancer des entreprises lointaines, il faut en laisser l'initiative à des particuliers. Tout le monde sait que l'État perd toujours là où des particuliers font fortune, et la raison en est très simple. Les employés de l'État le croient assez riche pour supporter des pertes causées par leur incurie, et d'ailleurs chacun compte sur son voisin pour la réparer si elle vient à ne pas passer inaperçue. Dans une compagnie commerciale au contraire, tous ont intérêt à ne rien gaspiller et doivent un compte rigoureux de leur gestion.

Je proposerai donc de confier à une compagnie privilégiée le monopole d'une certaine partie de terres cultivables : ce qui d'ailleurs n'empêcherait pas des colons libres de se livrer aux mêmes travaux.

Je crois qu'on trouverait facilement à former une association sans que l'État fît aucun déboursé. Il suffirait, pour amorcer les bonnes volontés, de dégrever pendant un certain temps la compagnie agricole de toutes patentes, de droits d'entrée et de sortie, de façon qu'elle fût indemnisée de ses premiers frais.

Une compagnie qui se formerait n'aurait pas besoin d'envoyer plus de vingt employés exclusivement pris dans l'agriculture et qui pourraient au besoin faire un stage dans la ferme modèle que je proposais tout à l'heure.

Ces employés auraient sous leurs ordres des noirs au courant déjà de la culture, et dans le cas où l'administration coloniale mettrait à leur disposition des condamnés indigènes, la compagnie réaliserait des bénéfices de main-d'œuvre.

La dernière compagnie privilégiée fut celle de N'Galam qui avait tenté en 1830 la culture de l'indigo. Un des statuts de la société portait qu'elle devait employer une partie de ses capitaux à des travaux agricoles. L'indigo obtenu fut reconnu comme étant d'une qualité aussi belle que celui du Bengale. Malheureusement, le prix de revient était si élevé qu'il ne pouvait lutter avec les indigos de l'Inde. Par un sentiment très louable, le gouvernement s'empressa de dégager la compagnie de N'Galam de ses obligations. Ce fut un tort. En effet, comme le fait remarquer Anne Raffenel, l'État lui-même donnait le signal de l'abandon de la culture.

La compagnie de N'Galam « aurait réussi parce que « son privilège était encore assez lucratif pour qu'elle « désirât le conserver, même au prix d'une exigence qui « n'était en somme qu'un droit d'octroi dont le montant « était consacré à un travail d'utilité générale » (Anne Raffenel, *Nouveaux Voyages au pays des Nègres*).

COMMENT L'ANCIENNE MONARCHIE ENCOURAGEAIT LA COLONISATION

L'État devrait donc provoquer la reconstitution d'une nouvelle société en lui offrant des avantages qui ne grèveraient pas son budget.

L'ancienne monarchie avait trouvé un moyen très simple d'encourager la colonisation sans qu'il en coûtât rien au trésor public. Elle avait permis à la noblesse de devenir actionnaire des grandes compagnies coloniales, de trafiquer au delà des mers sans déchoir de son rang. Elle alla même plus loin, elle promit d'octroyer des lettres de noblesse aux principaux actionnaires et aux grands propriétaires résidant aux colonies.

Je sais bien que le gouvernement actuel ne dispose plus aujourd'hui de pareils moyens, mais il lui serait facile d'encourager les efforts particuliers par des promesses d'obtention de croix ou de charges publiques.

COMMENT ON POURRAIT ENCOURAGER LA FORMATION D'UNE SOCIÉTÉ DE NOS JOURS

Nous avons beau être en république, les Français ont été, sont encore et seront toujours amoureux de distinctions honorifiques.

On accorde des croix aux artistes, aux commerçants, aux industriels qui se distingent.

Pourquoi n'en accorderait-on pas comme gage d'essai fructueux de colonisation aux principaux actionnaires d'une compagnie agricole ?

Il n'en coûterait rien au gouvernement, et je suis convaincu qu'avant peu on réaliserait ainsi un capital qui servirait à fonder une compagnie.

Alors même que l'entreprise ne réussirait pas, les actionnaires auraient toujours gagné une croix et ce serait un intérêt qu'ils ne dédaigneraient pas.

Et qu'on n'aille pas crier au trafic. Beaucoup de familles en France n'ont pas obtenu autrement leur brevet de noblesse. Il y a du mérite à se priver d'une partie de ses capitaux pour fonder une œuvre nationale, et c'est une bonne action qui vaut autant la croix que le fait d'avoir été employé pendant 25 ans dans une administration quelconque de l'État.

Néanmoins, la formation d'une société agricole trouvera des détracteurs. Elle ne pourra se composer qu'après de nouvelles études préalables et de graves contestations.

Il faudrait donc, pour qu'elle pût fonctionner, qu'elle recueillît le fruit d'expériences sérieuses et parfaitement contrôlées d'un Institut agronomique en pleine prospérité.

III

LES MISSIONNAIRES DU SAINT-ESPRIT

Il existe enfin un troisième moyen de coloniser le Sénégal, et j'insisterai particulièrement sur celui-ci, parce qu'il me semble seul praticable pour le moment. Je n'ai pas l'intention de faire de la propagande en faveur des missionnaires, et si je vais appeler sur eux l'attention, c'est, je puis l'affirmer, sans parti pris et parce que je me suis rendu compte moi-même sur les lieux combien ils s'attachaient à la cause de la prospérité de la patrie. Ils représentent, et j'espère le prouver suffisamment, un système de colonisation au Sénégal qu'un homme impartial ne peut dédaigner, puisque les deux autres, celui des colons libres et de compagnies privilégiées, ne semblent reposer que sur des théories difficiles à mettre encore en pratique.

Le troisième moyen que je vais donc proposer est celui de faire appel au dévouement des Missionnaires, dévouement d'autant plus méritoire pour eux et d'autant moins coûteux pour l'État qu'il est tout à fait gratuit et ne réclame seulement qu'une protection morale qu'il serait antipatriotique de refuser à tous les citoyens qui s'expatrient pour étendre au loin l'influence française.

La colonisation d'un pays s'obtient de deux façons : par la culture du sol en friche et par l'initiation de ses habitants aux progrès d'une civilisation basée sur la morale. Nous prétendons bien, nous autres, civiliser les noirs, mais sommes-nous certains de leur apporter le bonheur parce que nous leur découvrons de nouvelles exigences sociales, que nous leur créons des besoins encore inconnus et que nous leur vendons des liqueurs frelatées.

Je ne parle pas ici de la prétendue civilisation qui n'est autre qu'une ambition de conquête dissimulée.

Si nous n'avons pas le droit, à proprement parler, d'imposer notre autorité à des gens qui sont chez eux, il n'est pas moins vrai qu'il est dans l'ordre et la loi inéluctable des choses de faire reculer la Barbarie le plus loin possible, mais encore faut-il le faire par des moyens qui soient vraiment civilisateurs et non plus aussi barbares que les sauvages eux-mêmes.

Or, la culture du sol et l'instruction morale des habitants, tel est le double but que poursuivent les missionnaires de leur initiative privée. Des colons libres ou des sociétés commerciales consentiraient à peine, avec de gros bénéfices, à s'adonner à la culture, et eux accomplissent leur double tâche, humblement, gratuitement sans qu'on daigne même leur accorder le tribut d'admiration qui leur est dû.

Nous avons vu que le Sénégal, étant donné l'insalubrité de son climat, ne pouvait être encore une colonie de peuplement et qu'il serait peut-être téméraire d'y faire un appel d'émigration.

Cependant les conditions climatériques d'un pays changent avec le temps, et des colonies florissantes aujourd'hui étaient d'abord, avant d'être cultivées et assainies, aussi funestes aux Européens que le Sénégal.

Il faut donc nous contenter de préparer les voies à une émigration future, et nous aurions mauvaise grâce à refuser le concours de ceux qui nous l'offrent dans un esprit entier d'abnégation.

Je vais montrer les missionnaires à l'œuvre au Sénégal où j'ai appris à les connaître et à les aimer, laissant à l'impartialité de chacun le soin de décider si oui ou non ils y accomplissent une œuvre nationale qui mérite d'être encouragée.

Ils appartiennent à la congrégation du Saint-Esprit et du Sacré-Cœur de Marie. Les projets de colonisation par la culture dont j'ai fait plus haut le récit, abandonnés sans retour par le gouvernement et les particuliers, ils les ont repris à leur propre compte, et patiemment, sans se laisser abattre par les catastrophes, continuent sans bruit la grande œuvre du défrichement des terres vierges et des intelligences obscurcies.

Tandis que les commerçants s'empressent de fuir notre colonie africaine aussitôt qu'ils y ont réalisé des gains suffisants, que les militaires, après avoir poussé des pointes hardies et glorieuses dans des régions jusque-là inconnues, reviennent en France raffermir leurs santés à jamais ébranlées et y jouir en paix du fruit mérité de leurs exploits, les missionnaires s'attachent à ce pays ingrat. Partis jeunes, ils y deviennent vieux au bout de peu de temps, ils y meurent enfin presque tous, mais qu'importe !

De nouveaux jeunes gens, brûlant de la sainte flamme des apôtres, accourent les remplacer à leur poste de dévouement et reprennent leurs entreprises au point même où les obscurs martyrs les ont laissées.

Que les pères du Saint-Esprit me pardonnent de n'insister que sur la partie matérielle de leur œuvre civilisatrice. Je sais que leur modestie pourrait s'émouvoir de loüanges qu'ils ne croient pas mériter et qu'ils attendent une autre récompense plus grande et plus haute que celle de la terre.

Les missionnaires constituent une même famille qui obéit à un même esprit, à une même ligne de conduite, à un plan tracé d'avance, il n'y a pas à craindre qu'ils abandonnent leurs projets de culture commencés, puisqu'ils reconnaissent le Sénégal comme étant d'une admirable fertilité.

IL FAUT LEUR CONFIER LA DIRECTION D'UNE FERME MODÈLE

Avant que l'État ou des particuliers recommencent de nouveaux essais de plantations, il serait bon, je crois, d'organiser une sorte de ferme modèle qui deviendrait une pépinière pour les jeunes gens du pays, noirs, mulâtres et même blancs, sans distinction, où les essais ne seraient entravés ni par la fraude ni par le découragement.

ILS ONT TOUS LES ÉLÉMENTS D'UNE FERME MODÈLE

Les éléments de l'entreprise que je propose existent déjà, car les pères du Saint-Esprit ont fondé depuis longtemps, à Saint-Joseph de N'Gazobil et plus tard à Thiès, de véritables fermes modèle qui n'auraient besoin que de quelques encouragements officiels pour prendre un essor vraiment merveilleux. Si le gouvernement voulait tant soit peu les aider, je suis persuadé qu'avant vingt ans, le Cayor, le Walo, le Baol, le Sine, le Saloum et une partie du Soudan seraient transformés et qu'une foule de produits inexploités jusqu'ici, tels que le coton, l'indigo, le café, le tabac, pour ne parler que des plus importants, feraient du Sénégal la plus riche peut-être de nos colonies.

Le court aperçu de leurs tentatives agricoles montrera, je l'espère, qu'ils sont dignes en tous points qu'on leur confie cette entreprise nationale, à eux qui ont déployé le courage, l'abnégation, la ténacité malgré les premiers échecs, qualités qu'on chercherait en vain chez des particuliers. Ils joignent d'ailleurs, à leurs essais de culture, la propagande de la langue française et l'étude approfondie des langues indigènes qui permettra un jour de les rattacher probablement à la grande famille sémitique. Ils ne négligent pas non plus de louables efforts de créations industrielles et ne sont pas moins utiles aux progrès matériels qu'aux progrès intellectuels.

L'ÉVANGÉLISATION DES MISSIONNAIRES JUSQU'EN 1845

Avant de retracer le récit de leurs essais de culture, j'esquisserai brièvement l'histoire de leurs prédécesseurs évangéliques dont le but était purement religieux.

Nous savons de source certaine que des franciscains et des dominicains accompagnèrent les Espagnols dans leurs voyages de découvertes à la côte occidentale d'Afrique, mais les documents nous manquent pour apprécier leur œuvre d'évangélisation. Ce n'est que depuis le XVIIe siècle que nous pouvons avoir des renseignements certains. A cette époque les missions étrangères furent définitivement constituées.

Le pape Grégoire XV fonda à Rome, en 1622, la Congrégation de la Propagande formée de vingt-cinq cardinaux chargés d'aider et de diriger les Missionnaires.

En 1627, le pape Urbain VIII ajouta un séminaire à la congrégation et lui adjoignit une imprimerie polyglotte.

Ce fut sous son pontificat que, le 14 juillet 1634, la congrégation décida d'envoyer des Missionnaires dans la « Vieille Guinée ». Elle choisit deux capucins normands, le père Alexis de Saint-Lô et Bernardin Renouard, qui partirent en Afrique sous la conduite du père Colombini.

Les premiers détails que nous possédons sur l'exercice de leur saint ministère sont dus à la relation de voyage du père Alexis dans une lettre datée de Rio-Fresco, aujourd'hui Rufisque.

Il ne fait point encore mention de Saint-Louis du Sénégal, car il n'y avait en 1686 dans cette ville, dit le père Gaby, que deux ou trois maisons et quatre tourelles.

Les Hollandais, qui étaient venus s'établir sur la côte d'Afrique, poursuivirent les religieux, leur firent subir toutes sortes d'avanies et finirent même par empoisonner l'un d'entre eux. Les autres s'empressèrent de fuir ces plages inhospitalières où les vengeances européennes leur étaient plus funestes que le climat.

Cependant, les persécutions ne faisaient qu'enflammer le zèle des vaillants missionnaires. Les Dominicains, ayant pour chef le père Gondislavo, tentèrent de nouveau, en 1674, l'évangélisation de ces malheureux pays.

Ils furent bientôt suivis de douze capucins andalous, mais les uns et les autres éprouvèrent des difficultés d'autant plus sérieuses que les Portugais considéraient comme ennemis des hommes venant enseigner à ces parias que nous étions tous frères et qui semblaient réprouver par leurs paroles et par leurs actes le trafic honteux de la traite à laquelle les blancs se livraient.

La congrégation de la Propagande fit encore un dernier effort, mais les capucins envoyés par elle furent obligés peu de temps après de se réfugier à Sierra-Leone.

Tel est le sommaire rapide des tentatives de prédication chrétienne essayées jusqu'à la fin du siècle dernier.

CONSIDÉRATIONS PSYCHOLOGIQUES SUR L'EUROPÉEN AU SÉNÉGAL

La côte occidentale d'Afrique a été particulièrement

exploitée par des écumeurs de mer, gens sans foi ni loi, qui criaient déjà et pour cause : le cléricalisme, voilà l'ennemi de notre honteux trafic !

Ce pays des noirs, où l'adage fameux : *homo homini lupus* n'est encore qu'une effrayante vérité d'application, semble avoir été jusqu'ici frappé d'une réprobation divine. Dès que l'Européen met le pied dans ces contrées de races maudites, il est saisi comme d'un vertige. La fièvre brûle ses os, ses facultés morales et ses forces physiques se déséquilibrent, il oublie les lois de l'humanité et revient parfois, presque à son insu, à la férocité des âges préhistoriques. Il oublie qu'il est considéré comme le pionnier de la civilisation. Il descend au niveau moral des nègres, son intelligence s'obscurcit, sa mémoire s'éteint, ses sens se troublent, les sentiments de son cœur s'émoussent et il se plonge insensiblement dans la barbarie qu'il voulait tout d'abord faire disparaître.

Mais Dieu est bon. Il était temps que les voiles mystérieux derrière lesquels se cachait le continent noir vinssent à se dissiper et que la lumière de la foi se fît enfin dans ces ténèbres.

L'heure n'a point encore sonné sans doute où la régénération sera complète, mais elle viendra à son heure et ce ne sera pas les trafiquants qui la feront, parce qu'ils seront trop préoccupés de leurs intérêts. Ce rôle appartient aux missionnaires et aux pionniers désintéressés qui transporteront dans ces régions lointaines le respect de la dignité humaine et l'amour de la justice et de la paix.

Des temps plus heureux étaient venus pour l'Afrique.

Ce n'était point tout à fait la lumière, mais c'était déjà l'aurore d'un jour serein qui ne s'est point encore levé.

LES MISSIONNAIRES DU SAINT-ESPRIT NOUS ONT FAIT RENDRE LE SÉNÉGAL

A la fin du xviiie siècle, deux missionnaires de la « Société du Saint-Esprit », MM. Bertoux et de Glicourt, avaient prêté un concours des plus efficaces pour faire rendre à la France notre colonie prise par les Anglais. Pour les récompenser de leur zèle, le gouvernement accorda à leur société de s'établir au Sénégal ; une préfecture apostolique fut créée en 1779 et M. de Glicourt fut mis à sa tête.

Les événements qui signalèrent la fin du xviiie siècle et le commencement du xixe, la reprise de notre colonie par les Anglais qui la gardèrent de 1809 à 1817, l'instabilité de notre situation politique enrayèrent pendant longtemps les efforts des Missionnaires.

Mais, en 1833, le concile de Baltimore appela de nouveau l'attention de la congrégation de la Propagande sur la côte d'Afrique et M. Barron, alors grand-vicaire de Philadelphie, fut envoyé vers une colonie africaine qui était venue se fixer au cap des Palmes.

M. Barron, arrivé sur les lieux, se rendit compte du lamentable état de ces populations, vint à Rome et y fit le récit des misères qu'il avait vues. Il fut nommé vicaire apostolique des deux Guinées et partit pour sa nouvelle mission en 1842, accompagné d'un prêtre irlandais et d'un catéchiste.

M. Barron ne tarda pas à reconnaître que son œuvre avait besoin de prosélytes et qu'il ne pourrait suffire seul à sa tâche.

Il s'adressa donc en 1843 à M. Des Genettes, curé de Notre-Dame-des-Victoires, et celui-ci le mit en rapport avec le père Liberman, qui venait de fonder une petite congrégation pour évangéliser les peuples infidèles.

LE FONDATEUR DES MISSIONNAIRES DU SACRÉ-COEUR DEVENUS DANS LA SUITE MISSIONNAIRES DU SAINT-ESPRIT

L'abbé Liberman était né à Saverne, en 1804, de parents israélites, et lui-même ne s'était converti à la religion chrétienne qu'à l'âge de vingt-deux ans.

C'était une belle âme, ouverte aux grandes idées, pleine de foi et d'enthousiasme et qui ambitionnait d'amener au Christ les peuples qui ne le connaissaient pas. Il porta instinctivement les yeux sur l'Afrique. Elle renfermait des multitudes innombrables plongées dans la barbarie et l'ignorance de la vérité, qui portaient peut-être sur le front le poids d'une malédiction antique, et c'était à lui, fils aussi de maudits, qu'il appartenait de régénérer par le baptême la race des fils de Cham.

On peut dire qu'il se prit d'amour pour cette terre qui cachait encore ses secrets. La rencontre providentielle de M. Barron et du père Liberman eut pour effet l'envoi immédiat de jeunes missionnaires.

Le 29 novembre 1843, quelques pères de la congrégation du Sacré-Cœur-de-Marie arrivaient au cap des Palmes, mais il était dit que l'œuvre de Dieu serait dès l'origine en butte aux tribulations.

Les Missionnaires arrivèrent au milieu de populations hostiles et ne tardèrent pas à succomber aux rigueurs du climat.

Bien que cruellement éprouvé par la perte de ses enfants, le père Liberman ne se découragea pas et, en juillet 1845, il envoyait d'autres missionnaires. Les pères Briot, Arragon et le frère Pierre débarquèrent à Gorée pour se fixer quelque temps à Dakar.

Le père Tisserand, leur préfet apostolique, était parti avant eux sur le navire à vapeur *le Papin* qui fit naufrage et disparut corps et biens.

Dans le courant de décembre de cette même année, les pères Lossédat et Warlop et le frère Siméon descendaient à Dakar et jetaient les premiers fondements de la Mission et de la ville actuelle.

BUT DES MISSIONNAIRES AU SÉNÉGAL

En 1846, le père Liberman se rendit à Rome et présenta à la congrégation de la Propagande un mémoire remarquable sur l'évangélisation des noirs. Il proposait un plan dont le but était de constituer une société complète possédant avec les biens surnaturels de la foi les biens matériels des peuples chrétiens.

L'effet de ce rapport fut la création d'un vicariat apostolique comprenant les deux Guinées et la Sénégambie sur une longueur de 1200 kilomètres, sans limite à l'intérieur.

PREMIER VICAIRE APOSTOLIQUE

Mgr Truffet fut le premier vicaire apostolique de la Sénégambie. Il partit le 9 avril pour Dakar, amenant avec lui six nouveaux missionnaires. Dès leur débarquement, ils se mirent en rapport avec les Woloffs qui leur témoignèrent le plus grand respect.

Pour pousser le plus loin possible le renoncement évangélique, Mgr Truffet voulut se mettre à la nourriture des noirs, mais il ne put longtemps subir ce régime ; sa santé s'affaiblit et sept mois après son arrivée il succombait aux fatigues et aux privations.

L'année suivante eut lieu la fusion de la société du Saint-Esprit et de la congrégation du Sacré-Cœur de Marie, dont le père Liberman était le fondateur.

Depuis cette époque, la mission s'est définitivement implantée au Sénégal, poursuivant son œuvre d'évangélisation à travers des obstacles et des difficultés de toutes sortes.

LA CULTURE DES TERRES PAR LES MISSIONNAIRES

Le bien des âmes et la conversion des infidèles, tel est le but religieux des pères du Saint-Esprit, mais, à côté de cet objectif divin, il en est un autre plus humain qui regarde nos intérêts nationaux. Fidèles à leurs statuts, ils poursuivent l'œuvre de la culture des âmes et la colonisation par la culture. C'est de cette dernière que le moment est venu de parler.

Mgr Kobès, sacré évêque le 20 juin 1848, vint se fixer à Dakar et il chercha à rayonner dans les environs. Son impatience de prêcher l'Évangile était si grande que, sans attendre la saison sèche, qui commence en décembre au Sénégal, il partit au plus fort des chaleurs de l'hivernage et se rendit de Dakar à Joal dans l'intention d'examiner les lieux propres à l'établissement de futures missions. N'Diangal à 40 kilomètres de Dakar et M'bour à 80 kilomètres reçurent des missionnaires. Il marqua enfin un endroit qui lui sembla propice pour y fonder une mission en même temps qu'une exploitation agricole. C'était N'Gazobil.

PREMIÈRE EXPLOITATION AGRICOLE DE N'GAZOBIL

A 120 kilomètres environ de Dakar, en suivant la côte par le 14° de latitude nord et le 19°,14 de longitude ouest, à 4 kilomètres de Joal, s'élevait à cette époque une forêt de broussailles que dominaient de leurs troncs trapus de gigantesques baobabs.

Alentour, la solitude était profonde. Nulle trace de pied humain n'y décelait la présence de quelque vivant ; mais quand la nuit descendait sur ce coin d'Afrique, la brousse entière tressaillait de lugubres hurlements.

A la clarté des étoiles, des éléphants faisaient d'énormes trouées dans les hautes herbes et s'ébranlaient en masse se dirigeant vers une source qui garde enco nom de « fontaine des éléphants ». Ils s'éloi suite à pas lents et les lions, les tigres et s'avançaient à leur tour. Leurs corps f ondulations sur les fourrés d'un profond ravin, puis arrivés au sommet du coteau où se dresse maintenant la mission, ils fixaient leurs yeux étranges sur l'Océan qui grondait à leurs pieds, poussaient un dernier cri rauque et s'enfonçaient de nouveau dans des ténèbres pleines d'horreur.

Ce fut cet endroit vraiment sauvage, en plein pays du Sine que Mgr Kobès choisit. Il y avait là une abondante moisson à faire, car les noirs du Sine sont fétichistes.

Les missionnaires éprouvèrent tout d'abord des difficultés de la part du roi de la contrée, type accompli du vrai sauvage, qui voyait des espèces de sorciers dans ces hommes à robe noire. Toujours ivre de sangara (boisson faite avec de l'alcool, du poivre et du piment pilé) il laissait ses tiedos (guerriers) s'arroger le droit de pénétrer librement dans les cases, de les piller selon l'occasion et d'amener en esclavage les récalcitrants.

Il était défendu d'avoir des clôtures ou des portes dans les villages de ce potentat nègre. Il envoya un de ses *tiédos* dire à Mgr Kobès qu'il ne l'autoriserait jamais à construire sur ses terres une maison qu'une balle ne pourrait traverser.

La réponse de l'évêque fut l'envoi en mars 1850 du père Chevalier à N'Gazobil, tandis que le père Arlabone remontait le Sénégal et allait fonder une nouvelle mission dans le haut fleuve, au pays de N'Galam.

Le père Chevalier commença à faire défricher le ter N'Gazobil et, pour se conformer aux exigences struisit en attendant quelques cases de paille

Le roi du Sine, Amat Diouf, ne fit d'abord aucune difficulté ; mais quand les cases furent achevées, un incendie causé par malveillance ou par hasard dans la brousse détruisit le premier établissement des missionnaires.

Le père Chevalier, sans se laisser abattre, recommença à construire de nouvelles cases, gagna peu à peu la sympathie des noirs et parvint avec leur aide à défricher le ravin au-dessus duquel s'élève actuellement la mission.

Il instruisait les enfants et leur faisait consacrer leurs heures de loisir à la culture.

PREMIERS ESSAIS DE CULTURE. GRAINES PLANTÉES

Il donna ses premiers soins au jardinage et constata avec satisfaction que son potager réussissait à merveille. Le père possédait en outre plus de quatre-vingts espèces de blé, orge ou avoine. Il les sema et attendit avec impatience les résultats, mais ceux-ci furent nuls : par contre, le sarrazin, le sésame, le maïs, le manioc dépassèrent ses espérances. Il ne réussit pas moins dans les essais de plantations de papayers, de corrosoliers et de citronniers.

La nouvelle mission commençait à prospérer quand des événements survenus aux environs du Sine enhardirent la malveillance d'Amat Diouf. Le damel ou roi du Cayor, Maïssa Tendé Fall, qui avait déjà retenu prisonniers le père Arragon et le frère Siméon, venait en septembre 1850 de piller et de brûler les stations de N'Diangol et de N'Bour. Amat Diouf profita de cet acte de brigandage de son voisin pour intimer l'ordre aux missionnaires de se retirer de N'Gazobil.

Les pères ne crurent pas devoir protester et se retirèrent à Dakar dans le courant de 1851.

LES MISSIONNAIRES ONT FONDÉ DAKAR

C'est peut-être ici le lieu de rappeler que les missionnaires du Saint-Esprit ont fondé Dakar en s'y établissant les premiers, en l'année 1845. Dakar est appelé à un grand avenir. C'est le seul point de relâche possible de toute la côte occidentale d'Afrique. Il offre du cap Manuel à la pointe de Bel-Air une large baie où peuvent venir s'abriter les vaisseaux du plus fort tonnage et il a été choisi comme escale des plus grands navires qui vont dans l'Amérique du Sud.

Quand on aura agrandi Dakar qui est d'ailleurs en voie de prospérité, quand on y aura construit des quais et des bassins de radoub et des dépôts de charbon, il deviendra le premier port de l'Afrique. Sa position stratégique le rend imprenable. Or, Dakar n'était, au moment de l'arrivée des missionnaires, qu'un amas de cases et de broussailles où la France ne possédait pas un pouce de terrain. Le père Warlopp, ancien ingénieur devenu missionnaire, fut le premier qui construisit une maison de pierre à Dakar. Quelques navires commencèrent dès lors à mouiller dans sa rade, mais jusqu'en 1858, ils durent payer tribut au roi du pays. Enfin, en 1863, grâce à l'impulsion et au concours intelligent de MM. Jauréguiberry, Faidherbe et Pinet-Laprade, on commença les travaux sérieux du port.

Dakar est aujourd'hui une ville où s'élèvent de nombreux comptoirs de commerce, des édifices administratifs, des casernes, et qui est reliée depuis 1885 à Saint-Louis par une voie ferrée.

L'église et la mission se dressent sur le coteau et disparaissent aujourd'hui derrière les maisons blanches qui étaient venues se grouper autour d'elles.

Nul de ceux qui abordent à Dakar ne sait que la Mission a été le noyau de cette future grande ville, et comment le saurait-il d'ailleurs? Quel est celui qui a mentionné que les missionnaires avaient fondé Dakar? Personne que je sache, et voilà pourquoi je me suis permis de faire une digression pour le rappeler.

Pendant douze ans, les pères du Saint-Esprit continuèrent à y exercer leur apostolat; mais, en 1861, le gouverneur Faidherbe fut rappelé en France et son départ causa un grand émoi parmi les chefs indigènes. Le général de glorieuse mémoire avait un ascendant remarquable sur les noirs qui conservent encore pour lui une sorte de culte et de craintive admiration.

Ce fut une levée de boucliers. Le Cayor se souleva à la voix de Lat-Dior et le pays resta dans l'anarchie jusqu'au retour de M. Faidherbe en 1863.

La rentrée du gouverneur amena la pacification du Sénégal. Le Sine n'osa plus bouger et Mgr Kobès crut l'occasion favorable de reprendre ses premiers projets de culture à N'Gazobil.

CONCESSION DE TERRE ACCORDÉE AUX MISSIONNAIRES

Un voyage qu'il fit en France à cette époque lui permit de prendre ses dispositions pour la fondation d'un établissement sérieux et définitif. Il s'adressa au gouvernement et obtint du ministre de la marine et des colonies la promesse formelle d'une concession de mille hectares de terre qui fut accordée quelques mois après par un décret impérial du 12 mai 1863.

CULTURE DU COTON

L'intention de Mgr Kobès était d'occuper les noirs à la grande culture du coton, du mil et du riz qui croissent là-bas spontanément. Le coton surtout, qui pouvait dans l'avenir être un débouché sérieux pour la colonie, était l'objet de la sollicitude du missionnaire.

Cependant l'argent manquait et il ne pouvait commencer les premiers travaux sans une mise de fonds assez considérable. L'évêque fit appel aux œuvres de la propagation de la Foi et grâce à leurs aumônes et à une personne charitable d'Alsace, M. Herzog, il obtint une avance d'argent qui lui permit de parer aux premiers frais.

A la fin de décembre 1862, il s'embarquait pour le Sénégal, amenant avec lui les pères Engel et Risch. Débarqué le 22 janvier 1865, il partait immédiatement de Dakar avec les pères Lacombe et Engel, trois frères et quelques apprentis.

Mgr Kobès se mit à l'œuvre immédiatement pour édifier la mission. « Dans moins de cinq mois, écrivait-il au ministère de la marine et des colonies, nous sommes parvenus à construire en maçonnerie solide un corps de bâtiment de cinquante-deux mètres de long sur neuf mètres de large, ayant un rez-de-chaussée et un demi-étage. »

On ne saurait croire au prix de quelles fatigues les missionnaires vinrent à bout de construire leur maison. Ils durent prendre eux-mêmes la truelle en main et ne craignirent pas de travailler des journées entières en plein soleil.

Ils déployèrent une activité sans pareille, fabriquant des briques sur place. L'immense quantité de chaux nécessaire aux constructions fut préparée par eux au moyen de coquillages entassés sur les bords de la Fasna, à huit kilomètres de N'Gazobil.

La mission s'élevait déjà, dominant les flots et les broussailles, quand le farouche Maba, musulman fanatique, fit irruption dans le Sine et le Saloum pour convertir ces peuples l'épée à la main. Il se précipita sur le pays au moment des semailles, massacra tout sur son passage, emmenant les femmes et les enfants en captivité, et se retira après avoir semé autour de lui la mort et l'incendie.

La famine éclata partout dans cette contrée désolée, tandis que des marabouts suscités par Maba, après son départ, volaient les enfants pour les vendre. Il en vint, m'a-t-on dit, de Rufisque et de Dakar qui se livrèrent à cette industrie et y firent fortune.

Voilà comment les musulmans sénégalais entendent la

prédication. Ils détruisent les peuples qu'ils ne peuvent convertir, et nous ne faisons rien pour arrêter l'envahissement de l'islamisme.

Dans ces tristes circonstances, la mission servit de refuge à tous les malheureux émigrés du Saloum. Ils vinrent y demander asile et protection, s'établirent auprès des pères du Saint-Esprit et ne tardèrent pas à former, aux alentours, les villages de Saint-Joseph, de Sainte-Marie, de la pointe de Sartène, de Saint-Benoît, de N'Bodiène et de Saint-Michel de la Fasna.

La plupart de nos villes coloniales ont pour origine un premier noyau formé autour de nos missions, car partout où les missionnaires s'établissent, ils apportent avec eux le gage d'une civilisation pacifique.

Les pères faisaient distribuer gratuitement du riz à tous les noirs, leur donnaient un salaire journalier et, grâce à l'émigration toujours plus grande, purent avoir des bras suffisants pour mettre leur culture en exploitation.

LA CULTURE A N'GAZOBIL

Ils fondèrent tout d'abord des écoles de garçons et de filles auxquels ils enseignaient les premiers éléments de notre langue, puis nommèrent dans chaque village un chef de travail.

On commença sans retard à défricher les terrains incultes, puis on sarcla le coton, aux sons joyeux du tam-tam. Les noirs, naturellement paresseux, se mirent avec la plus grande ardeur à un travail auquel on savait les intéresser. Les pères eurent bientôt plus de bras qu'il ne leur en fallait, car la libéralité des « marabouts blancs » et les réjouissances de N'Gazobil étaient connues au loin.

120 HECTARES PLANTÉS EN COTON

Mgr Kobès fondait de grandes espérances sur la culture du coton et en moins d'une année, il défricha et planta plus de cent vingt hectares. Les semences réussirent à merveille ; la récolte s'annonçait bien, mais la sécheresse survint et fit avorter une partie des pieds.

L'année suivante, toute la partie comprise entre Saint-Benoît et Saint-Joseph était plantée de coton, on remarquait sur une vaste étendue de magnifiques pieds jeunes et vigoureux.

L'année précédente des sauterelles voyageuses avaient ravagé le Sine et le Saloum, longé même N'Gazobil sans s'y arrêter, mais on espérait qu'elles ne reparaîtraient plus. On planta donc trois cent dix hectares de coton avec l'aide de deux cent cinquante noirs. Sur la concession faite à M. Herzog à Saint-Antoine, il y avait deux cents hectares de coton parfaitement ensemencés.

RENDEMENT DE LA RÉCOLTE

Un commencement de récolte avait fourni d'abord 5.000, puis 40.000 kilos de coton brut, estimés à une valeur de 50 à 60.000 francs.

INVASION DE SAUTERELLES

Une invasion soudaine de sauterelles vint tout à coup

anéantir cette splendide récolte. Elles firent cette année-là trois apparitions. La première eut lieu en août. Elles traversèrent deux fois les plantations et mangèrent une partie des petits cotonniers ainsi que les épis de millet en fleur. Elles vinrent une seconde fois en novembre sans faire aucun dégât, mais le 15 décembre, elles se montrèrent plus nombreuses que jamais. « La quantité était si grande, écrivait Mgr Kobès, que le défilé commencé à neuf heures du matin sur une largeur de deux kilomètres occupait, à six heures du soir, une ligne de douze à quatorze kilomètres depuis le sol jusqu'aux nues, laissant au point de départ un épais nuage tout rouge qui cachait complètement l'horizon. »

Jusqu'au 20 décembre le jardin et les champs furent épargnés, mais le 20, le 21 et le 22, le spectacle fut navrant.

Voici la description qu'en fit Mgr Kobès dans un rapport adressé au ministre de la marine et des colonies :

« Dans le jardin de la mission, aucune plantation n'a été épargnée. Toutes les fleurs et les plantes légumineuses ont disparu, sauf quelques semis qu'on a eu soin de couvrir de toiles, tous les jours de neuf heures du matin à six heures du soir. Papayers, bananiers, maniocs, goyaviers, manguiers, citronniers, caféiers, indigotiers, pépinières d'expérience des cotons étrangers, le jardin et ses environs, excepté les rondiers, ont été rongés dans leurs parties molles. »

Jamais pareil fléau, m'ont dit les noirs, ne s'était produit de mémoire d'homme sur la côte. Et comme si tous les malheurs ensemble devaient accabler cette pauvre mission naissante, un incendie causé par l'imprévoyance des indigènes détruisit complètement les granges de Saint-Joseph de N'Gazobil.

COURAGE DES MISSIONNAIRES AU MILIEU DE CES ÉPREUVES

Au milieu de tous ces revers, Mgr Kobès frappa les noirs d'admiration par son courage et sa résignation à toute épreuve. Il ne lui vint pas un mot de reproche quand on lui annonça l'incendie et il se contenta de dire : Dieu nous avait donné ces biens, il nous les a repris, que son saint nom soit béni !

ILS RECOMMENCENT LES PLANTATIONS

Quelques jours après, avec une constance digne d'éloge, il recommença les plantations. Les cotonniers ravagés en décembre avaient déjà reverdi en janvier et on espérait qu'une seconde récolte dédommagerait un peu de la perte de la première, mais la mission n'était pas au bout de ses peines.

D'autres sauterelles, d'un jaune repoussant, s'étendirent sur la terre et y déposèrent une quantité d'œufs. Dès leur éclosion, tous les pieds furent mangés et la récolte anéantie.

Le 14 janvier de cette même année 1866, l'église de Joal, située à quatre kilomètres de N'Gazobil, puis, le même jour, le village de Saint-Michel de la Fasma devinrent la proie des flammes. Sur ces entrefaites, une épizootie détruisit le troupeau des pères et, pour couronner toutes ces calamités, une épidémie de fièvre jaune enleva presque tous les missionnaires.

Voilà par quelles épreuves sont passés ces modestes pionniers qui n'ont pas d'histoire officielle et que je me fais un plaisir de retracer parce que personne encore ne les a racontées.

Eh bien! je vous le demande, quel est l'agriculteur, le commerçant ou l'industriel qui aurait eu le courage de reprendre des essais de culture après de tels malheurs.

Et pourtant, il faut le dire, à leur gloire, ces hommes ne se sont pas laissés abattre. Il semble que le gouvernement aurait dû faire quelque chose pour eux, leur offrir une compensation quelconque pour recompenser leurs tentatives de colonisation. Il n'en fut rien. Alors, avec leurs seules ressources, ils ont recommencé sur une étendue restreinte leurs premiers essais et, pour prouver leur ténacité, qui est d'ailleurs aujourd'hui couronnée de succès, je vais rappeler ce qu'ils ont fait depuis au Sénégal.

CE QU'EST N'GAZOBIL ACTUELLEMENT

Leur établissement de Saint-Joseph de N'Gazobil est actuellement en pleine prospérité. On y cultive toutes les productions du Sénégal, mais la modicité des fonds dont ils disposent empêche les pères du Saint-Esprit de renouveler leur grande entreprise du début.

Toutefois, ils n'ont point borné leur activité à N'Gazobil et ils ont fondé deux nouvelles missions et établissements agricoles à Thiès et à Kila.

LA CULTURE A THIÈS

Thiès se trouve entre la frontière du Cayor et du Baol, sur la voie du chemin de fer qui depuis 1885 relie Dakar à Saint-Louis. A droite de la gare se trouve un poste construit depuis les troubles suscités dans le Cayor par le fameux Lat Dior. Le village lui-même est distant de trente kilomètres de la mer et se trouve en deçà de 15° de latitude nord. C'est une des escales de traite les plus mouvementées du Bas-Sénégal, et de nombreux traitants de Rufisque y viennent acheter de décembre à mai des graines d'arachides apportées par les caravanes.

Thiès se trouve dans un pays complètement pacifié depuis la mort de Samba Laobé, le dernier Damel du Cayor. Il est appelé à un grand avenir et deviendra un jour, je l'espère, la tête de ligne d'un chemin de fer qui traversera le Baol, le Sine et le Saloum et ira rejoindre Kaolaek en passant par Fatik.

J'ai été bien souvent à Thiès et j'ai assisté à la fondation de la mission. C'est un des endroits les plus charmants et les plus salubres du Sénégal.

Ce fut, au reste, comme sanatorium pour les missionnaires fatigués que Thiès fut choisi par le vicaire apostolique, Mgr Picarda. Le choléra, qui a fait tant de victimes parmi les indigènes, à Saint-Louis, Dakar et Gorée, n'a jamais fait son apparition à Thiès.

A quelques centaines de mètres de la gare, se trouvait encore en 1888 une forêt sacrée où j'aimais à aller me perdre jadis chaque fois que mes occupations m'appelaient à Thiès. Les missionnaires l'achetèrent au roi du pays et se mirent immédiatement à défricher la brousse sur une étendue de douze hectares avec l'intention d'établir sur les lieux une école d'agriculture.

INDUSTRIE DE LA MISSION

Ils ont tiré parti de tout ce qu'ils pouvaient utiliser, ont fabriqué eux-mêmes une partie de leurs planches, de leur chaux et de leurs briques et ont exploité aussitôt de très belles carrières de pierres qui bordaient leurs propriétés.

Et maintenant, au milieu de la forêt jadis sacrée, on aperçoit entre les arbres le tronc majestueux d'un cailcédra (acajou) qui mesure à lui seul onze mètres de circonférence. C'est le clocher de la mission de Thiès qui dresse sa flèche surmontée d'un coq, au-dessus duquel viennent parfois se poser des perruches et des colibris.

Le soir, quand le soleil se couche sur l'Afrique lointaine et inconnue, qu'un fourmillement de bêtes sans nom commence à grouiller parmi les herbes, que la grande voix des fauves fait tressaillir les forêts, au-dessus des tam-tams lascifs, des salams enroués, on entend tout à coup monter dans l'air léger le tintement de l'Angelus !...

Je me rappelle encore avec émotion l'impression ineffaçable faite sur moi un jour que je revenais à cheval d'une excursion aux environs de Thiès.

L'Angelus !... s'il remue souvent nos âmes quand il

trouble au crépuscule l'écho de nos vallons, qui pourrait dire l'impression qu'il fait au cœur de l'exilé !...

L'établissement de la mission a eu pour résultat immédiat l'érection de plusieurs maisons de pierre et en peu de temps on a vu s'élever une petite ville au cœur même des broussailles.

CE QUE L'ADMINISTRATION COLONIALE FAIT POUR LA MISSION

Le gouvernement de la métropole n'a rien fait pour encourager l'œuvre agricole naissante de la nouvelle mission de Thiès. Cependant l'administration coloniale, qui voit les missionnaires à l'œuvre, leur rend pleine justice et a cherché à les favoriser par un moyen détourné.

C'est ainsi qu'elle leur a confié le soin de diriger un pénitencier d'enfants indigènes. Ces enfants sont instruits et formés à divers métiers tels que celui de menuisier, de tailleur, de forgeron, mais tous les soins des pères du Saint-Esprit sont particulièrement donnés à l'agriculture.

En vertu d'un contrat passé entre la colonie et le vicaire apostolique de la Sénégambie, le personnel du pénitencier est rétribué ainsi qu'il suit :

Un supérieur ou directeur, à raison de	3.000 fr. par an
Un sous-directeur	2.500 —
Deux frères surveillants, à raison de 1600 fr. chacun	3.200 —
Deux religieuses pour la lingerie, l'infirmerie, à raison de 1500 fr. chacune.	3.000 —

Ce contrat fait pour neuf ans donne désormais une base

solide à l'œuvre du pénitencier et permettra l'extension des projets agricoles des pères du Saint-Esprit.

Il faut féliciter hautement le conseil général de Saint-Louis de cette détermination. Elle ouvrira peut-être les yeux au gouvernement sur le rôle actif que peuvent jouer les missionnaires dans la colonie. Mais il faut bien remarquer que l'œuvre agricole n'est nullement encouragée et qu'elle est complètement en dehors de la question du pénitencier. Elle ne dispose que des ressources évidemment très modiques des pères du Saint-Esprit.

Cependant les pères ne négligent rien pour prouver par le démenti des faits que le Sénégal est un pays riche et capable d'être cultivé. Sans doute, leurs débuts sont pénibles et ils ne sont même pas toujours heureux dans leurs essais. Ainsi leur troupeau a été récemment détruit par la peste bovine. Ils ont perdu également beaucoup de chevaux à la suite de diverses maladies. Mais ces épreuves ne les ont point découragés et l'agriculture se développe de plus en plus à la mission de Thiès. Les arbres fruitiers s'y multiplient et ils sont assurés d'un plein succès s'ils disposent des fonds suffisants pour étendre leur activité.

RESSOURCES AGRICOLES DE THIÈS

Le R. P. Audren (1), directeur de la mission, dans une lettre adressée le 4 mars 1889 à M. Cornu, professeur

---

(1) Le R. P. Sébire, directeur actuel de la Mission, m'a écrit plusieurs fois pour me dire que la Mission de Thiès n'avait besoin que de quelques ressources pour donner de très beaux résultats.

au muséum d'histoire naturelle de Paris, affirme que le Sénégal est calomnié au point de vue agricole. « Les essais déjà faits, dit-il, et les résultats obtenus dans les plaines du Cayor et du Baol, permettent de conclure qu'on peut, par une culture raisonnée et relativement facile, obtenir en abondance le tabac, le coton, le maïs, le sorgho saccharifère, la canne à sucre, le café, le ricin, l'ananas, presque tous les légumes des pays chauds et ceux des pays tempérés et un grand nombre d'arbres fruitiers des pays tropicaux. J'affirme encore que ces différents produits, et surtout les légumes et les fruits, sont ici de qualité supérieure... J'ai parcouru un peu en observateur les plaines très fertiles de Saint-Domingue; j'ai visité les fonds riches et plantureux de la Martinique, de la Dominique et de la Guadeloupe. Eh bien! qu'on choisisse dans ces îles fortunées un sol de plaine pour engager la lutte avec le Cayor, je crois que ce dernier remportera la victoire... Durant la saison des pluies la nature déploie ici tant de vigueur que, pour la variété et la force de plusieurs produits (tabac, coton, mil, sorgho, ricin), les fières Antilles seront obligées de renoncer à la lutte. »

Voilà ce qu'écrit non un théoricien, mais un homme qui est sur les lieux de production et qui continue actuellement encore des essais toujours heureux sur la grande culture.

Malheureusement les missionnaires ont des ressources si minimes qu'ils n'osent se permettre de défricher et d'exploiter de vastes terrains. Leurs recettes ne s'élèvent pas à plus de quinze francs par jour et, avec cette modique somme, il faut nourrir, habiller, loger les pères, vingt-huit enfants indigènes et se procurer le matériel nécessaire à la culture.

NOUVELLE EXPLOITATION AGRICOLE DE N'DOUTE

Cependant leur zèle ne s'est pas arrêté là. A seize kilomètres environ de Thiès est la province sérère de N'Doute. C'est une plaine dominée par une chaîne de collines qui offre aux yeux du voyageur un aspect des plus pittoresques. Les pères du Saint-Esprit ont acheté à Demba War, chef du Cayor, quatorze hectares de terre, et ont établi sur une colline isolée une mission nouvelle. On peut être sûr qu'avant peu ils auront transporté notre langue dans ce pays et y auront fondé une petite exploitation agricole.

Quoi qu'il en soit, il faut, par tous les moyens possibles, favoriser les pères du Saint-Esprit à Thiès et leur confier la direction d'une ferme-modèle qui ne tardera pas, je puis l'affirmer, à prendre entre leurs mains une importance capitale. D'ici quelques années, Thiès, grâce à sa proximité de la côte, à laquelle d'ailleurs il est relié aujourd'hui par un chemin de fer, va devenir le plus grand centre d'affaires de tout le Bas-Sénégal. Il n'y a plus rien à redouter des populations qui nous sont soumises. La fondation officielle d'une école d'agriculture sera plus utile pour nous que l'implantation récente de notre drapeau à Tombouctou.

Le rôle des missionnaires est d'aller toujours plus loin.

En effet, ce qu'ils ont entrepris à Thiès, ils l'ont également entrepris à Kita; mais le grand éloignement de Saint-Louis ne permet pas encore de signaler cet endroit, d'ailleurs d'une fertilité admirable, à l'attention que Thiès mérite de provoquer immédiatement.

LA MISSION A KITA

La mission de Kita a été fondée vers la fin de l'année 1888, dans les deux villages de Makandiambougou et de Bangassi. Elle est située à 1.300 kilomètres de la côte, au centre du plateau d'où sortent le Sénégal et le Niger. C'est de Kita que rayonnent dans tout le Soudan les grandes routes du Nord par Bamakou, Ségou, D'jermé, Bandiagara, Kabara et Tombouctou et du Sud par Sigiri, Kankan, Kérouané, Bissandougou et Jarrenah. Aussi Kita est-il appelé à un bel avenir et, dans quelques centaines d'années, sera-t-il probablement la plus grande ville de l'Afrique intérieure.

Le pays est très accidenté et offre aux yeux ravis du voyageur les aspects les plus variés et les sites les plus grandioses. Çà et là des pics isolés s'élèvent au milieu de la plaine ; plus loin d'énormes assises de pierre, creusées, on ne sait comment, aux flancs mêmes des rochers, ressemblent à des marches colossales taillées jadis par des géants. Au milieu du jour, une multitude de singes s'y livrent en grimaçant à des contorsions macabres, et la nuit, quand la lune se lève sur cette terre primitive, elle détache avec une vigueur saisissante de relief le fauve profil d'un lion qui rêve immobile, ou jette un regard de maître sur la solitude profonde qui s'étend à ses pieds.

Du fond des gorges verdoyantes s'élancent, pendant la saison des pluies, de vrais torrents dont les eaux roulent en grondant au milieu des pierres et des massifs touffus.

On est loin des rives si souvent désolées du Sénégal et, sur ces bords enchanteurs, on se croirait revenu aux pays de nos régions méridionales, si par dessus toute cette verdure le superbe, mais terrible soleil d'Afrique ne brillait de tout son éclat.

Il est vrai que, de novembre à juin, Kita subit l'influence de la sécheresse de cette zone torride. Pendant cette époque, le soleil et les incendies allumés dans la brousse par les indigènes mettent à nu le sol durci. Les plaines ne présentent aux yeux qu'arbustes rabougris et les flancs des montagnes que d'épais fourrés de bambous. Mais à peine les pluies de l'hivernage ont-elles fécondé cette terre calcinée que soudain, par enchantement, surgit une splendide et folle végétation.

Les Malinkès répandus dans le Pouladougou et le Ouassoulou occupent les seize villages qui forment Kita et ses environs. Ce sont de pacifiques cultivateurs et des artisans qui professent une haine mortelle pour les musulmans. Ces derniers ont cherché, mais en vain, il y a quelque temps, à faire chez eux de la propagande à main armée.

LA CULTURE A KITA

C'est parmi ces tribus douces et sympathiques, où notre influence peut s'implanter facilement, que les missionnaires ont été prêcher la bonne parole. Fidèles d'ailleurs à leur but de colonisation, ils y ont déjà fait des essais de culture.

RICHESSES DE KITA — LE KARITÉ

Il y a beaucoup de parti à tirer du pays où le coton, le tabac, les pastèques, le mil, le riz, les arachides poussent en abondance.

La nourriture principale des indigènes est le mil pilé cuit à l'eau avec du karité. Le karité ou beurre végétal, est un produit sur lequel j'appelle l'attention et qui pourrait devenir, je crois, un article important d'exportation. C'est le fruit d'un arbre qui pousse par véritables forêts dans le Soudan. Il affecte à peu près la forme d'un marron. Après l'avoir écrasé, les noirs en font une sorte de bouillie qu'ils jettent dans de l'eau chaude. Ils recueillent l'écume qui surnage et, quand elle s'est refroidie, ils en forment des pains qu'ils entourent de la feuille même de l'arbre, comme cela se fait pour le kola. Les pains de karité peuvent se conserver indéfiniment et sont une des bases de l'alimentation indigène.

LE KOLA

Je viens de parler du kola, et peut-être est-il à propos de faire une digression au sujet de cette noix si répandue dans tout le Soudan et qu'on ignore encore presque complètement en Europe. Le kolayer est un arbre qui a la taille et le port d'un prunier ; ses feuilles alternes sont deux fois plus larges que celles de cet arbre. Sa fleur est petite, blanche, à corolle polypétale. Son fruit est couvert d'une première enveloppe, couleur jaune de rouille. Après l'avoir enlevée on trouve une pulpe rose ou d'un blanc qui devient verdâtre en acquérant sa parfaite maturité. Le même arbre porte des fruits de deux couleurs. Le premier goût, d'abord très amer, donne une saveur sucrée à l'eau après la mastication. Ces fruits viennent en général des rivières sud et sont expédiés par les noirs Akaus de la Gambie anglaise. Si on a le soin de les entourer de leurs feuilles et de les renouveler de temps en temps, ils peuvent se maintenir frais pendant neuf à dix mois. Les caravanes les transportent dans tout l'intérieur de l'Afrique, où il s'en fait un grand commerce. Les indigènes les réduisent en poudre pour les conserver indéfiniment. La propriété essentielle du kola est d'être le plus fort excitant qui soit encore connu. Il possède en outre celle de tromper l'estomac au point qu'avec une seule noix, les noirs peuvent passer facilement un jour sans manger. Étant moi-même au Sénégal, j'ai fait plusieurs expériences sur le kola, entre autres celle-ci : je coupai plusieurs noix en menus morceaux que je fis torréfier comme des grains de café et les réduisis en poudre.

J'obtins, par une infusion à l'eau bouillante, une liqueur exquise, dont le goût rappelait en même temps le café et le thé avec une saveur très prononcée de cacao.

L'ESCLAVAGE A KITA

Pour en revenir aux missionnaires de Kita qui tireront certainement parti de toutes les richesses naturelles du sol que je viens d'énumérer, je dirai que leurs premiers soins sont donnés à l'instruction des enfants. De nombreux auditeurs se pressent déjà à leur école. Au premier coup de sifflet donné par un des pères, une nuée de petits noirs en costume des plus primitifs viennent s'asseoir à ses côtés et l'écoutent sérieusement.

Beaucoup d'entre eux sont d'anciens esclaves rachetés par les pères du Saint-Esprit eux-mêmes. L'esclavage se pratique encore au Soudan et existera toujours tant que le christianisme n'aura pas transformé ce pays. L'esclavage est tellement entré dans les mœurs de ces malheureuses populations, que, dans les villages dits de liberté, fondés auprès de chaque poste français, les noirs libérés arrachés à toutes les tortures n'aspirent qu'à avoir des esclaves à leur tour. Chaque fois qu'un chef indigène est en guerre avec l'un de ses voisins, qu'il est mécontent de l'un de ses villages, qu'il lui faut des jeunes filles pour peupler son harem, il fait incendier le pays, massacrer impitoyablement les vieillards, s'empare des hommes, des femmes et des enfants et se retire ensuite satisfait, amenant à sa suite de nombreux troupeaux d'esclaves. Le fameux sultan Samory, marabout d'une intelligence remarquable, avec qui nous avons eu de nombreux démêlés, est lui-même un ancien esclave. Cependant il s'est rendu depuis célèbre par les razzias d'esclaves qu'il fait à tout instant.

Le prix des esclaves à Kita est, pour un enfant de huit ans, 80 francs ; de douze ans, 100 francs ; de quinze ans, 150 francs ; d'une fille de dix-huit à vingt ans, 300 francs.

Comme on le voit, le rôle religieux des missionnaires se double donc ici d'un but philanthropique, mais, hélas ! leur tâche est ardue et leurs ressources plus que bornées.

INLFUENCE MORALE DE LA MISSION.

Peut-être serait-il temps de clore cette étude, si je n'avais à répondre à ceux qui prétendent que les missionnaires ne servent pas notre cause au Sénégal et qu'au lieu d'attirer à nous les populations musulmanes ils ne font que nous les aliéner. C'est une calomnie qu'il me sera facile de réfuter. Je vais donc examiner si vraiment ils sont antipathiques aux indigènes, et si la cause de la civilisation ne trouve pas au contraire en eux ses plus ardents champions.

LES MISSIONNAIRES APPRENNENT NOTRE LANGUE AUX NOIRS.

Je crois avoir prouvé suffisamment combien l'œuvre colonisatrice agricole trouve chez les pères du Saint-Esprit des partisans qu'on chercherait vainement ailleurs. Mais la colonisation se compose d'un autre élément, celui de l'influence morale, et je soutiens que sous ce rapport il serait téméraire de ne pas reconnaître qu'ils l'exercent au Sénégal à un haut degré.

Ce qui constitue l'implantation d'une civilisation sur une autre, c'est principalement l'adoption de sa langue, d'où il suit que notre civilisation française aura définitivement pris racine au Sénégal le jour où notre langue sera devenue celle des noirs. Or, qui est-ce qui vulgarise notre langue dans la colonie? Ce ne sont pas les commerçants obligés d'apprendre les idiomes divers du pays pour se livrer au trafic, ce sont les religieux et religieuses, qu'ils s'appellent missionnaires du Saint-Esprit, frères de Ploërmel, ou sœurs de Saint-Joseph de Cluny. Ce sont ces modestes instituteurs qui apprennent, sur ces lointaines plages, les premiers éléments que nous avons bégayés étant enfants.

LES NOIRS MUSULMANS OU FÉTICHISTES HONORENT LES MISSIONNAIRES.

On a essayé de laïciser les écoles à Saint-Louis, sous prétexte de ne pas froisser les sentiments religieux des marabouts. Or, voici un fait qui prouvera combien les noirs musulmans eux-mêmes ont de l'attachement pour les religieux :

Les frères de Ploërmel de Saint-Louis demandèrent à leur supérieur, à la suite de la laïcisation des écoles, la permission d'ouvrir des cours du soir où l'on n'enseignerait que le français et l'arithmétique, et où il ne serait nullement question de religion. Tandis que la nouvelle école laïque, où l'on ne prononçait même pas le nom de Dieu, comptait une quarantaine d'élèves à peine, trois cents élèves au contraire se pressaient aux cours des frères de Ploërmel.

Le fait est concluant et prouve qu'un enseignement

soi-disant libéral n'a guère de chance de réussir au Sénégal.

Les missionnaires sont essentiellement voyageurs et propagateurs. Leur nom même indique qu'ils sont des envoyés, et dès qu'un lieu est évangélisé, leur but est de s'étendre au loin. Ils apportent avec eux la patrie, et, quoi qu'on en dise, partout où la croix d'une mission s'élève, c'est un centre futur de la civilisation française qui commence à se former.

LES NOIRS APPRÉCIENT DAVANTAGE LE DÉVOUEMENT DES MISSIONNAIRES QUE LES MERVEILLES DE NOTRE INDUSTRIE

Les noirs sont de grands enfants, mais ils ne sont point dépourvus d'intelligence, et j'ai remarqué qu'ils professaient plus facilement de l'admiration pour le courage et le dévouement que pour les merveilles de l'industrie humaine, dont ils sont parfois les témoins. Les noirs de la côte, par exemple, qui voient tous les jours des bateaux à vapeur sillonner l'Océan ou remonter leur fleuve, un chemin de fer traverser le Cayor, des maisons superbes s'édifier près de leurs humbles cases de paille, restent très froids et très avares de compliments à notre égard.

Quand le premier train partit de Dakar, il n'effraya pas les noirs comme nos paysans de jadis. Tout au contraire, les Woloffs se précipitèrent sur les wagons, en firent l'escalade, se placèrent comme ils purent sur les passerelles et se juchèrent même sur les impériales. Le monstre de fer s'ébranla au milieu des cris de joie et des battements de mains, tout comme un train de Paris transportant des voyageurs à une fête de banlieue.

Au reste, les noirs ont à l'égard de nos inventions modernes une réponse on ne peut plus philosophique : si les blancs ont fait ceci, disent-ils, c'est que cela pouvait être fait. Ils ne craignent pas les balles de nos fusils, assurés que leurs amulettes, si le marabout ne les a pas trompés, les préserveront de leurs atteintes : mais ils restent étonnés devant le courage de nos jeunes soldats qui vont bravement au feu sans être protégés par des gris-gris.

Les missionnaires sont peut-être les seuls Européens pour lesquels ils professent ouvertement l'admiration et le respect. Ils savent qu'ils ont quitté leur pays, abandonnant leurs familles et les joies du monde, dans un esprit de sacrifice, et non pour venir chercher chez eux à réaliser un gain par le trafic. Ils les voient à l'œuvre, cherchant à gagner les cœurs par la persuasion, et donnant eux-mêmes l'exemple de la charité, en abritant les malheureux et en soignant les malades, et si les musulmans n'embrassent pas la religion chrétienne, ils mettent du moins nos missionnaires au même rang que leurs tamsirs ou grands marabouts. Quand ils comparent l'avidité des commerçants, la brutalité de quelques-uns d'entre eux, avec le désintéressement, la continence et la mansuétude des missionnaires, ils n'ont pas de peine à reconnaître que les seconds valent mieux que les premiers ; aussi l'influence de la mission au point de vue strictement moral serait-elle plus grande encore si les Européens fréquentaient davantage les missions.

Je dois avouer qu'il est très rare que les blancs soient hostiles aux missionnaires, car au Sénégal, on n'obéit pas aux étroites rancunes et l'horizon des idées s'agrandit. Malheureusement on a pour eux l'indifférence la plus complète. On cite un Européen qui met le pied à l'église de Dakar et de Saint-Louis, et l'on ne saurait croire cependant l'effet produit sur ces populations par un Européen agenouillé. J'ai vu, à Dakar, le débarquement d'un navire de guerre français dont tout l'équipage vint, musique en tête, assister à la messe du dimanche et je me rappelle encore avec quel enthousiasme les noirs en parlèrent longtemps après. Voilà au moins, me dirent plusieurs d'entre eux, des blancs qui croient à quelque chose.

LES NOIRS FÉTICHISTES ONT RECOURS AUX MISSIONNAIRES

L'influence morale des missionnaires trouve très souvent à s'exercer et j'ai raconté plus haut comment les habitants du Saloum opprimés par Maba trouvèrent un refuge près d'eux. Il n'est pas rare, non plus, qu'ils s'interposent entre le gouvernement colonial et les populations indigènes et que celles-ci doivent la paix à leur intervention.

Le Diobas est une province sérère située à dix kilomètres environ au sud de Thiès. Un chef musulman, Sanor, en fit dernièrement la conquête avec l'aide de la France. Après la victoire, le pays devint la proie du vainqueur, qui s'y permit toutes sortes d'exactions. Les Diobas, dans leur détresse, ne sachant à qui s'adresser, songèrent, bien que fétichistes, aux missionnaires. Ils vinrent les trouver à Thiès et les prièrent de vouloir bien intercéder pour eux auprès du gouvernement français.

Aujourd'hui, grâce à cette intervention, la paix leur a été rendue et les Diobas reconnaissants appellent les pères chez eux. Ils ont fait eux-mêmes un chemin qui part de Tiona et se rend au cœur même de leur province. Mais les missionnaires ne sont ni assez nombreux, ni assez riches pour y fonder une nouvelle mission.

Ces deux exemples, connus de tout le monde au Sénégal et donnés tour à tour par des musulmans et des fétichistes, suffiront, je crois, à prouver la fausseté des assertions de ceux qui représentent les religieux ou les missionnaires comme antipathiques aux indigènes.

Les pères du Saint-Esprit servent enfin la cause de la civilisation, en répandant, parmi les noirs, la morale élevée de la religion chrétienne.

Les tribus du Haut-Sénégal sont généralement musulmanes, mais celles du Bas-Sénégal sont encore presque toutes fétichistes et adonnées à des cultes grossiers.

OEUVRE CIVILISATRICE DES MISSIONNAIRES

La primauté du christianisme sur l'islamisme comme religion moralisatrice est incontestable, et alors même que ce point serait douteux, ce qui ne saurait l'être, c'est qu'au point de vue politique cette primauté aurait pour résultat de nous assurer la conquête morale du Sénégal.

Mais, me dira-t-on, il serait curieux de voir la France,

qui se pique de libéralisme et de tolérance religieuse, user de prosélytisme pour une religion quelconque dans l'une de ses colonies.

Je ferai tout d'abord remarquer que nous ne nous arrêtons jamais aux demi-mesures et que si la tolérance religieuse s'impose en Europe, il n'est nullement nécessaire et il devient impolitique que, sous prétexte de tolérer l'islamisme, nous le protégions ouvertement au Sénégal.

NOUS AVONS TORT DE PROTÉGER L'ISLAM

Nous devions, d'après nos principes, respecter une religion établie, mais il était inutile et dangereux pour nos intérêts de la laisser se propager. Les événements se chargent tous les jours, d'ailleurs, de démontrer la vérité de ce que j'avance ici. Que faut-il penser de notre inertie en face de la prédication musulmane encouragée au sein de populations qui sont sous notre dépendance? J'ai entendu des hommes sérieux soutenir avec conviction que ne pouvant faire nous-mêmes l'œuvre complète de la civilisation dans l'Afrique Occidentale, il fallait la laisser faire à l'islamisme qui préparerait d'abord les voies. C'est là un sophisme d'autant plus dangereux qu'il se targue d'être scientifique et humanitaire et qu'il est, à son insu, antinational.

Nous avons, à l'égard des sauvages, une philanthropie singulière qui consiste à leur laisser croire qu'ils sont nos supérieurs par l'idée.

La première influence n'est pas celle des armes, mais

bien l'influence des idées. Qui mieux que nous devrait savoir qu'un joug imposé par force peut être secoué un jour ou l'autre ? Qui plus que nous a le respect, la terreur même de l'opinion ?

Que penser de notre apathie, de notre sérénité enfantine en face de l'islamisme triomphant partout ? Il ne faut pas d'ailleurs accuser un gouvernement plutôt qu'un autre. Sous tous les régimes, nous avons usé d'une philanthropie qui confine à la niaiserie, car nous l'avons élevée à la hauteur d'un principe.

ON A BATI UNE MOSQUÉE ET ON N'A RIEN FAIT POUR UNE ÉGLISE

En effet, la monarchie de juillet a élevé en 1847 une splendide mosquée à Saint-Louis. Les sectateurs de Mahomet peuvent à l'aise faire leur salam sous la vaste coupole orientale. De tous les points de l'Afrique, ils viennent admirer la munificence des Français et se rendre compte par eux-mêmes combien nous estimons leur religion supérieure à la nôtre. Plus loin, s'élève l'humble église édifiée par les missionnaires et à leurs frais.

La croix se dresse au-dessus, semblant se faire petite sous ce grand soleil où le croissant arrondit orgueilleusement son arc. Il aurait fallu depuis jeter les musulmans à la porte et transformer la mosquée en une église où on aurait célébré les cérémonies du culte chrétien et français. Nul n'ignore, en effet, que l'islamisme est la religion de la conquête, qu'à la voix des pèlerins et des prophètes, les peuplades du Haut-Sénégal se soulèvent à tout instant. Des marabouts Toucouleurs descendent le fleuve, se font partout les éducateurs de la jeunesse, se créent des prosélytes, pénètrent au milieu des populations idolâtres qui attendaient une religion, mais qui les détestent et ne se convertissent la plupart du temps à la religion de Mahomet que sous l'empire de la force.

C'est ainsi que les Woloffs, rapprochés de la côte, qui sont soumis à notre influence quotidienne, dont le pays nous appartient aujourd'hui, sont devenus peu à peu musulmans. Les Sérères, leurs voisins, sont encore fétichistes. Les missionnaires ont fondé des missions parmi eux et ne tarderaient pas à gagner ces populations s'ils étaient plus riches et plus nombreux. Malheureusement, le gouvernement, sans leur être hostile, ne fait rien pour eux, et si on n'arrête pas la prédication des marabouts, le Baol, le Sine et le Saloum deviendront à leur tour musulmans.

L'ISLAM EST UNE PROPAGANDE A MAIN ARMÉE

Or, il faut bien se rendre compte que si nous ne sommes pas ennemis de l'islamisme, il professe, lui, à notre égard, une hostilité sourde, sinon déclarée, qu'il entreprend parmi les noirs une vraie croisade, qu'il leur enseigne le mépris des blancs et leur apprend à combattre pour l'idée encore confuse chez eux de Dieu et de la patrie.

Nous n'avons, nous, aucune croyance. Jamais ils ne nous voient fléchir le genou pour rendre hommage au

Très Haut. Nous parlons des choses les plus saintes en ricanant. Pourquoi voulez-vous que ces gens-là ne croient pas leur religion plus belle que la nôtre. Ils ne rougissent pas, eux, de se prosterner cinq fois par jour le front dans la poussière en invoquant le nom d'Allah !...

Quand les Romains voulaient jadis coloniser, ils forçaient les peuples vaincus à adopter leurs mœurs, leur langue et leur religion, bien qu'alors les chefs d'État ne crussent plus aux dieux. Ils arrivaient ainsi à transformer tellement un pays qu'au bout de peu de temps les Gaulois, de qui nous descendons, devenaient aussi romains que ceux de la métropole.

COMMENT LES ANGLAIS SE SERVENT DES MISSIONNAIRES

Les Anglais de nos jours n'agissent pas autrement, et, à la conquête savamment calculée qui brise toutes les résistances et fait disparaître les peuples au lieu de les assimiler, ils ajoutent tout d'abord la prédication des missionnaires anglicans ou autres qui poursuivent un but éminemment national par la légendaire distribution des bibles.

J'ai eu souvent envie de rire, au Sénégal, en voyant ces gros livres entre les mains de noirs à peine lettrés ; mais en y réfléchissant, mon sourire disparaissait, car je me rendais compte que *sub ridiculo latet anguis*. Le serpent anglais se cache sous le ridicule, et ces bibles anglaises distribuées à Saint-Louis même étaient une façon de gagner par l'étude de la langue britannique le cœur et l'esprit de nos nouveaux sujets.

PROTECTION QU'ILS LEUR ACCORDENT

Tandis qu'en 1847 notre gouvernement faisait bâtir une mosquée et que nos missionnaires ne recevaient aucun encouragement, les protestants anglais avaient fondé plus de cinquante établissements dont les principaux sont encore à Sierra-Leone et à Liberia. On comptait à cette même époque, dans la seule petite ville de Sierra-Leone, vingt-quatre chapelles appartenant à dix-neuf sectes différentes et soixante ministres protestants pouvant disposer de plus de cinq millions par an. Ce sont là des chiffres officiels.

HAUTE IDÉE QUE LES NOIRS ANGLAIS SE FONT DE L'ANGLETERRE

Tous ces gens à mine froide et sèche poursuivent leur but de propagande religieuse et nationale avec une opiniâtreté que nous ferions bien d'imiter. Ils peuvent sourire en cachette de leur religion, mais ils trouvent très politique de la faire servir à l'extension de l'influence de leur pays. Ils couvrent leurs colonies nouvelles de missionnaires qui distribuent des bibles, officient avec raideur et font des prêches méthodiques que les sauvages ne comprennent pas. Mais ce qu'ils comprennent très bien, à la péroraison, c'est que, par delà les régions lointaines, il y a un gouvernement anglais admirable qu'ils doivent respecter et chérir, en faisant preuve d'une complète soumission au parlement anglais qui ne demande pas mieux que de leur faire l'honneur de les passer par les balles en cas de rébellion, un peuple anglais qui est le premier du monde, une langue anglaise la plus belle de toutes et qui est parlée aux quatre coins de l'univers, des institutions et des mœurs anglaises qu'il faut adopter aveuglément, enfin une religion anglaise, principe de tous ces éléments.

Remarquez bien que ce tableau n'est pas fantaisiste, mais ce qui l'est moins encore, ce sont les résultats obtenus. Je ne connais personne de plus vaniteux, de plus outre cuidant qu'un noir de la Gambie anglaise. Ces noirs, à peine dégrossis, ne se croient pas égaux aux Français, mais leurs supérieurs. Le mot suprême qui donne la raison d'être à leur arrogance à notre égard, qui résume tout à leurs yeux et qu'ils vous jettent à la face dès qu'on a affaire avec eux, le voici : I am british subject — Je suis un sujet anglais !

CE QUE J'AI VU A CE SUJET

Nous avons bien accordé à nos noirs, qui s'en soucient très peu, le titre de citoyen français, mais aux yeux d'un noir de Sierra-Leone, le simple titre de sujet anglais a plus d'importance. — « Blancs, laissez passer ces Messieurs indigènes coiffés, s'il vous plaît, d'un chapeau haut de forme, sanglés, raidis, en cravate blanche, ayant une conscience absolue de leur dignité, écartez-vous, Français, saluez et admirez, ce sont des British subjects, et des citoyens français, des blancs eux-mêmes n'arrivent pas à la cheville d'un sujet britannique.

Il m'a été donné bien souvent de jouir à Dakar de ce spectacle suggestif, et j'étais partagé entre deux idées : celle de casser la tête à ces noirs pleins de morgue, qui me bousculaient en passant, et celle de l'admiration pour les Anglais qui sont arrivés à pénétrer si profondément ces sauvages d'hier et à les couler définitivement dans le moule compassé d'un sujet de Sa Majesté la reine de la Grande-Bretagne.

Ne mettons donc pas d'obstacles, sous prétexte de ridicule, aux efforts des missionnaires, et favorisons au contraire une propagande religieuse qui sert nos intérêts. D'ailleurs, il n'est nullement ridicule, abstraction faite de la religion, que la France cherche à propager le christianisme dans l'Afrique occidentale.

SI LES NOIRS NE SE FONT PAS CHRÉTIENS, ILS DEVIENDRONT MUSULMANS

Les noirs, c'est un fait incontestable et que peuvent affirmer tous les voyageurs impartiaux, ont le sentiment religieux très développé. Notre scepticisme contemporain n'a pas sa raison d'être chez ces peuples enfants, et je puis affirmer qu'il est même pour eux un sujet de scandale. Ils ont besoin de croire à quelque chose, et ce sentiment est trop naturel pour qu'on puisse leur inoculer encore l'athéisme. Il leur faut donc une religion et, s'ils ne deviennent pas chrétiens ils deviendront musulmans.

Mais, me dira-t-on, l'islamisme parle mieux à leur intelligence, à leurs sens, et ils l'embrassent sans effort. Voilà encore un de ces lieux communs lancé par je ne sais plus qui et que tout le monde a répété après lui sans vouloir se rendre compte s'il était vrai ou faux.

La religion chrétienne avec les pompes de son culte impressionne bien plus vivement l'esprit du noir que les génuflexions et les paroles du Salam dont il ne comprend même pas le sens. Les noirs musulmans enfreignent presque tous la loi du koran en buvant des liqueurs alcoolisées, et les fétichistes ont une horreur instinctive pour l'islam.

J'ai fait voir plus haut que la propagande musulmane était la conversion à main armée. On sait avec quelle opiniâtreté les Bambaras ont cherché à résister aux hordes envahissantes du prophète El-Adj-Omar dans le Soudan. Si les Malinkés, tribu sœur des Bambaras, n'ont pas opposé la même résistance que leurs congénères derrière leur tatas (fortifications de terre), ils ont cherché dans la fuite et dans leurs montagnes inaccessibles un asile contre ces convertisseurs abhorrés.

PREUVE NATURELLE DE L'ATTACHEMENT DES FÉTICHISTES POUR LA MISSION

Les Sérères, comme je l'ai dit tout à l'heure, les détestent cordialement. Le Sine et le Saloum se souviennent encore des abominations du prophète Maba qui procédait aussi à la conversion par le meurtre et le pillage.

Dernièrement les Sérères de M'Bodiène se séparèrent des Saloumes. Le jour de la transplantation des cases est choisi par le personnage le plus important qui le tient secret. Les Sérères firent une exception pour le R. P. Jouan, missionnaire du Saint-Esprit. Mondor, le chef du village, vint le trouver et l'invita à la transplantation. — « Mon père, lui dit-il, le gouvernement français impose partout des chefs musulmans. Nous, Sérères, nous ne les aimons pas. Ils sont trompeurs et nous détestent. Nous sommes fétichistes, mais nous préférons venir habiter près de l'église, à côté de la croix plantée par les missionnaires. » — Autour de Gueréou et de Paponguine habite la tribu des Nones, race sauvage et fière, pleine de défiance pour les blancs et que nous laissons envahir par l'islamisme pour lequel elle professe elle aussi la plus grande horreur. Depuis quatre ans que ce pays nous est soumis, on lui a envoyé des chefs musulmans qui le tyrannisent, le pillent, le rançonnent à chaque instant, toujours sous le couvert de la loi. Les missionnaires ont essayé d'adoucir leur sort et le gouverneur, sur l'intervention de Mgr Barthet, avait nommé un chef non musulman, mais il est revenu depuis sur cette décision.

Il me serait facile de multiplier des exemples pour prouver que l'islamisme n'est pas aussi sympathique aux noirs qu'on veut bien le dire, et que sa protection parmi les peuples encore fétichistes est purement impolitique. Je suis persuadé qu'il n'est peut-être par encore trop tard pour arracher à la religion de Mahomet une bonne partie du Cayor, le Baol, le Sine, le Saloum et une partie du Soudan. Ces dernières provinces, sauf le Soudan, sont précisément celles où les tentatives agricoles ont des chances de réussir immédiatement. Elles sont situées près de la côte et les transits y sont faciles. Elles sont plongées, il est vrai, dans une grossière idolâtrie, mais c'est précisément pour cela qu'il est facile de les convertir au christianisme, tandis qu'il n'y a rien à faire avec les musulmans Toucouleurs et qu'il faudrait, pour coloniser le Fouta, procéder à des exterminations en masse.

LA CONCLUSION EST QUE LES MISSIONNAIRES SEULS CONSENTIRAIENT A EXPLOITER LES RESSOURCES AGRICOLES DU SÉNÉGAL.

Mais j'abrège. La conclusion, chacun pourra la tirer lui-même de l'étude impartiale et du simple exposé des faits. Le Sénégal est un pays qui renferme de merveilleuses richesses inexploitées. Il est difficile, je l'avoue, d'en tirer parti, à cause de l'insalubrité du climat qui ne permet pas d'y faire un grand appel définitif d'émigration; mais nous pouvons disposer des missionnaires, qui font d'eux-mêmes ce que nous tâcherions en vain de démontrer à des particuliers.

Ils ont sous la main tous les éléments nécessaires qui permettraient une exploitation immédiate, ou du moins la fondation d'une grande école d'agriculture à Thiès. Ils appuient de plus, et je l'ai prouvé, leurs essais de culture d'une influence moralisatrice qui peut produire les meilleurs effets au point de vue de la civilisation.

L'AVENIR DE LA FRANCE EST EN AFRIQUE

L'avenir de la France est dans ses colonies. Il se produit, à notre époque, un mouvement encore latent, mais réel, vers l'expansion extérieure. Nous traversons d'ailleurs une crise sociale et économique qui va, dans peu de temps, nous forcer d'aller chercher au loin le moyen de parer aux nécessités toujours croissantes de la vie moderne. Il est facile d'observer que ce mouvement se porte vers l'Afrique. Et en effet, l'Afrique, à peu près encore inconnue, est la terre désignée d'une émigration future. Elle est pour le moment malsaine, il est vrai, mais les assainissements et la culture peuvent et doivent la transformer.

On nous dénie des qualités de colonisation. C'est peut-être vrai aujourd'hui ; mais n'oublions pas que, partout où nous sommes passés, nous avons profondément implanté le souvenir de notre race et que nulle part, comme les Anglais ou les Espagnols, nous n'avons laissé d'ennemis. Chaque peuple, comme tout homme, est constant avec lui-même à travers les phases de son histoire. Il semble cependant que, de nos jours, nous ayons perdu le sens de nos origines, mais j'ai le ferme espoir que nous nous ressaisirons, comme nous nous sommes jadis ressaisis après avoir été un moment Anglais et Espagnols. L'heure n'est peut-être pas loin. Nous sommes encore, malgré toutes nos fautes, le peuple des francs et des chevaliers. Nous avons de tout temps travaillé pour les autres, nous contentant d'allumer le flambeau de la civilisation et de le porter ailleurs. Mais le moment est venu de circonscrire cette course vers la lumière. Si l'idée n'a pas de limites, le monde en a malheureusement pour nous qui ne peuvent désormais plus être franchies. C'est l'heure de coloniser et de montrer aux nations qui nous dédaignent que le sang antique ne s'est pas abâtardi dans nos veines et que nous sommes capables de profiter des progrès que nous, Français, nous avons été les premiers à provoquer.

LES MISSIONNAIRES SONT LES AGENTS LES PLUS ACTIFS DE LA COLONISATION AU SÉNÉGAL

Mais, ne l'oublions pas, les missionnaires sont les agents les plus actifs de la colonisation. Nous sommes le seul peuple qui fermions les yeux volontairement par esprit de fanatisme. Tous ceux qui ont voyagé et ont vu les Anglais à l'œuvre peuvent affirmer que ces colonisateurs par excellence craignent bien plus nos missionnaires pacifiques que nos soldats armés et qu'ils encouragent par une protection efficace et des secours innombrables les missions religieuses britanniques, à quelque secte d'ailleurs qu'elles appartiennent. Ce que j'avance, il me serait facile de le prouver en dehors même de la Sénégambie, si je ne craignais de sortir de mon sujet.

Qu'il me suffise d'avoir raconté à propos des pères du Saint-Esprit ce que j'ai vu moi-même sur les lieux. Je pense avoir démontré par un rapport détaillé de tout ce qu'ils font dans notre colonie que s'intéresser, du moins, à leur œuvre agricole, serait un acheminement vers une colonisation qui s'impose.

Favorisons donc les missionnaires, et je ne crois pas trop m'avancer en assurant que, grâce à une protection officielle, toute une grande partie de la côte occidentale d'Afrique deviendrait plus saine et merveilleusement productive.

Puissent tous ceux qui ont vu comme moi ne pas craindre de parler avec impartialité. Le temps est venu de combattre dans un intérêt national les préjugés, les haines et les calomnies que l'on entasse contre les missionnaires.

J'ai foi dans le patriotisme de ces exilés volontaires qui ont dit adieu à toutes les légitimes affections humaines pour se consacrer à l'œuvre d'aller au loin sauver des âmes et qui, voyant disparaître à l'horizon les cimes bleues de la côte natale, s'effaçant dans la brume des océans, murmurent, les yeux tournés une dernière fois vers elle : Ceux qui vont mourir te saluent !... Leur patriotisme est réel ; il est fait de dévouement et mérite notre admiration.

Puissé-je l'avoir assez démontré.

Trop heureux si, dans la mesure de mes faibles moyens, j'ai pu contribué, pour ma part, à servir la cause sacrée et indivisible de Dieu et de la patrie !

Joseph du Sorbiers de la Tourrasse.

OUVRAGE DU MÊME AUTEUR

AU PAYS DES WOLOFFS

Chez MAME ET FILS

Dijon, imp. Darantiere

www.ingramcontent.com/pod-product-compliance
Lightning Source LLC
LaVergne TN
LVHW020948090426
835512LV00009B/1767